Union des Fabricants de Bronzes et des Industries qui s'y rattachent

SYNDICAT FONDÉ A PARIS EN 1818 POUR LA PROTECTION DES MODÈLES

DE LA

PROTECTION DES DESSINS & MODÈLES D'ART

APPLIQUÉS A L'INDUSTRIE

RAPPORT DE

E. SOLEAU

Président de la Réunion des Fabricants de Bronzes de Paris

AUX

CONGRÈS DE TURIN — 1902

(16 AU 18 SEPTEMBRE)

Association Internationale pour la Protection de la Propriété Industrielle

CONGRÈS DE NAPLES — 1902

(23 AU 29 SEPTEMBRE)

Association Littéraire et Artistique Internationale

LOI FRANÇAISE DU 11 MARS 1902

PARIS

IMPRIMERIE TYPOGRAPHIQUE CHARLES BLOT

7, RUE BLEUE, 7

—

1902

Réunion des Fabricants de Bronzes et dés Industries qui s'y rattachent

SYNDICAT FONDÉ A PARIS EN 1818 POUR LA PROTECTION DES MODÈLES

DE LA

PROTECTION DES DESSINS & MODÈLES D'ART

APPLIQUÉS A L'INDUSTRIE

RAPPORT DE

E. SOLEAU

Président de la Réunion des Fabricants de Bronzes de Paris

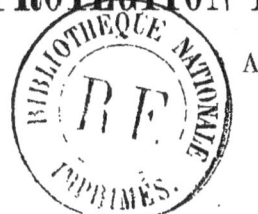
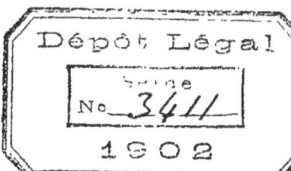

AUX

CONGRÈS DE TURIN — 1902

(16 AU 18 SEPTEMBRE)

Association Internationale pour la Protection de la Propriété Industrielle

CONGRÈS DE NAPLES — 1902

(23 AU 29 SEPTEMBRE)

Association Littéraire et Artistique Internationale

LOI FRANÇAISE DU 11 MARS 1902

PARIS

IMPRIMERIE TYPOGRAPHIQUE CHARLES BLOT

7, RUE BLEUE, 7

1902

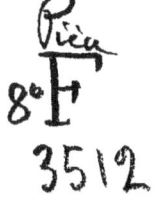

QUESTIONS POSÉES

Extrait du programme des travaux du
CONGRÈS DE TURIN, 1902

DE LA PROTECTION LÉGISLATIVE ET INTERNATIONALE DES ARTS DÉCORATIFS

(Art appliqué.)

1° Indiquer, pour chaque pays, si le principe posé par le Congrès de Paris (*Annuaire*, t. IV, p. 426), de la protection de toutes les œuvres des arts graphiques et plastiques par la loi sur la Propriété artistique, même si elles ont une destination industrielle, est appliquée ou susceptible d'être appliquée dans un délai plus ou moins rapproché; quel est l'état des esprits dans cet ordre d'idées.

2° Etudier les moyens pratiques d'assurer la protection des œuvres d'art décoratif entre les divers pays qui n'ont pas la même conception législative du mode de protection de ces œuvres, les uns les considérant comme artistiques, les autres les considérant comme dessins ou modèles industriels (voir Réunion de Lyon, *Annuaire*, t. II, p. 97, 102, 12 et 18, et Congrès allemand de Hambourg, mai 1902 : *Festgabe*, p. 156).

Extrait du programme des travaux du
CONGRÈS DE NAPLES, 1902

DU MOUVEMENT LÉGISLATIF DANS LES DIVERS PAYS

FRANCE. — *Des conséquences de la loi du 11 mars 1902 au point de vue de l'art appliqué à l'industrie.*

I

CONSIDÉRATIONS GÉNÉRALES.

Nous aurions voulu nous en tenir aux questions posées, mais pour essayer de délimiter la Propriété relative à ce que le programme a appelé *Arts décoratifs*, nous sommes amené à nous préoccuper des propriétés mitoyennes : Inventions brevetables et Propriété littéraire et artistique.

D'une façon générale, toute œuvre de l'intelligence, quels que soient son mérite et sa destination, est la propriété de son auteur ou de ses ayants droit, et si cette œuvre n'est pas contraire à la morale ou à l'ordre public, toute nation soucieuse de sa réputation d'honnêteté, désireuse de voir se développer les inventions et les œuvres originales, doit couvrir l'auteur, ses héritiers ou cessionnaires réguliers à l'aide de lois *exemptes de formalités coûteuses et compliquées*.

La Propriété intellectuelle est subdivisée par catégories qui correspondent par des définitions insuffisamment précises à des lois à formalités *déclaratives* ou *attributives*, suivant les cas.

Dans la plupart des législations existantes, les lois sur la Propriété littéraire et artistique sont à *formalités déclaratives* : elles admettent que l'invention ou la création constituent la propriété indépendamment de la formalité. La durée de la protection va jusqu'à cinquante ou quatre-vingts ans après le décès de l'auteur. Les frais de dépôt, lorsqu'il en est exigé de l'auteur ou de ses ayants droit, pour qu'ils soient admis à faire valoir leurs droits en justice, sont généralement minimes.

L'intérêt des inventeurs, des créateurs et même de la société, est de restreindre aux inventions dites brevetables le domaine des lois à *formalités attributives de propriété*.

A la rigueur on peut concevoir que, dans ce dernier domaine qui est spécial, où les inventeurs d'idées brevetables poursuivant la même idée la réalisent souvent avec une complète identité, où la société a intérêt à ce que ces inventions rentrent dans le domaine public le plus tôt possible pour qu'elles y soient la cause de nombreuses applications et deviennent plus profitables encore, on peut concevoir qu'elles aient une courte protection variant de quinze à vingt ans; qu'un extrait de naissance précis avec description détaillée du résultat ou du produit industriel nouveau soit exigé, qu'il faille l'établir avant toute publicité ou mise en vente et *que l'on aille jusqu'à dépouiller de son bien au profit des contrefacteurs celui qui aura commis la moindre négligence*. Soit; mais étendons le moins possible des mesures aussi rigoureuses.

La pratique et les nombreux procès que nous avons suivis nous ont amené à penser que c'est à cette rigueur, jointe au manque de définitions précises permettant de séparer les créations à *formalités déclaratives* de celles à *formalités attributives*, que sont dus les jugements qui ont trop souvent dépouillé de véritables créateurs.

Cette même pratique nous a amené à penser, comme notre président M. Pouillet, que la Propriété littéraire et artistique, la Propriété des dessins et modèles et les Inventions brevetables devraient se contenter de deux lois principales, l'une sur la propriété littéraire et artistique (relative aux inventions agréables qui ne sont astreintes à aucune formalité ou à des formalités simplement déclaratives), et l'autre sur les brevets d'invention (relative aux inventions utiles à formalités attributives).

Pour les productions mixtes qui joignent *l'effet utile à la sensation agréable*, on protégerait l'utile par la loi sur les Brevets et l'agréable par la loi sur la Propriété artistique.

On nous objecte qu'en dehors des inventions brevetables, des créations artistiques ou d'art appliqué « quels qu'en soient le mérite et la destination », lesquelles ont tout au moins un caractère personnel et spécial facilement reconnaissable, il existe des créations peu importantes ne méritant pas le brevet actuel, et que ces *petites inventions* devraient être couvertes par de *petits brevets* ou par une loi sur les Dessins et Modèles.

Si les mots employés dans un titre de loi doivent indiquer ce qu'il couvre, nous ne comprenons pas tout ce qu'on voudrait faire dire au mot Dessin. Pour nous, le dessin est la représentation à l'aide du crayon, de la plume, du pinceau ou de tout autre moyen de ce genre, de lignes ou de formes qui sont *linéaires* ou *géométriques*, *d'ornement* ou *de figure*. Dans toutes les écoles, ce sont là les titres que l'on donne à l'enseignement du dessin.

Quant au mot Modèle accolé à celui de Dessin, il implique dans notre esprit l'idée de ces mêmes dessins, mais en relief. Or, toutes ces productions, dès qu'elles ont quoi que ce soit de personnel ou de spécial, sont déjà ou devront être — nous dirons pourquoi plus loin — sous la protection des lois sur la propriété artistique qui couvre les architectes, les peintres, les dessinateurs et les sculpteurs.

Si par Modèle on veut entendre tout ce qui se produit susceptible de servir d'exemple ou d'attirer la convoitise et pouvant être copié, il faut convenir que l'on pourra tout mettre sous ce titre : des inventions brevetables, des créations artistiques et même des productions pour lesquelles il serait exagéré d'accorder, le cas échéant, une protection autre que celle relative à la concurrence déloyale.

La question de savoir s'il est opportun de créer des lois spéciales pour les petites inventions sort de notre cadre et nous ne pouvons pas nous étendre sur ce sujet; mais il nous semble aussi difficile de distinguer entre la petite et la grande invention ou le plus ou moins utile qu'il est difficile de distinguer entre le plus ou moins d'art. L'expert le plus avisé ne peut, à l'origine et dès le dépôt d'un brevet, décider que telle invention qui lui est soumise, même modeste à l'excès, n'aura pas des conséquences pratiques inespérées, affirmer qu'elle ne servira pas de point de départ à une découverte très importante, etc.

Nous pensons que, faute de criterium certain pour la délimiter, une loi supplémentaire ne rendrait pas les services espérés et que, dès maintenant, il vaudrait mieux faciliter par tous les moyens possibles l'accès des brevets à toutes les inventions en remplaçant partout les taxes actuelles par des taxes progressives, très faibles au début, fortes vers la fin et en donnant, s'il le faut, plus d'importance aux Offices de la Propriété industrielle. Si, ces facilités accordées, il reste encore quelques exceptions qui, faute de nouveauté dans le domaine de l'utile ou de création, tant petite soit-elle dans le domaine de l'agréable, redoutent de ne pas être protégées, c'est qu'elles sont trop difficiles à protéger et qu'elles nécessiteraient presque autant de lois que d'espèces différentes.

En tout cas, serait-il sage, pour des exceptions, d'entraver indéfiniment la protection internationale d'un très grand nombre de créations incontestables d'art appliqué à l'industrie, lesquelles continuent à être pillées impunément dans un trop grand nombre de pays et appellent une *protection* immédiate?

II

EXAMEN SOMMAIRE DE QUELQUES LOIS EXISTANTES.

Nous devons reconnaître qu'à l'encontre de ces idées, plusieurs nations ont essayé d'intercaler une ou deux lois entre nos deux lois principales et leurs légistes ont imaginé des formalités de dépôt. Nous serions curieux de connaître le nombre de dessins ou modèles mis en ordre avec toutes les officines; il nous est impossible de suivre un même dessin ou modèle pour savoir s'il a pu être déposé en temps dans les dix ou quinze pays principaux qui exigent le dépôt préalable; mais nous sommes certain de rester en dessous de la vérité en affirmant que, sur *cinq mille* créations susceptibles d'être ainsi déposées et défendues, il n'y en a pas une qui soit tout à fait en ordre dans quinze pays à la fois.

Le programme nous demande de jeter un rapide coup d'œil sur les lois des différents pays pour en déduire la protection des œuvres d'art appliqué entre les divers pays. Nous devrions examiner tout d'abord ce qui se fait ici, en Italie; mais nous préférons réserver cette partie de notre rapport à nos collègues et amis italiens; ils sont plus compétents que nous pour vous dire leurs lois et en apprécier les effets pratiques. Mais, dès maintenant, par les efforts considérables faits pour encourager l'art appliqué à l'industrie en organisant cette très importante exposition de Turin, à l'occasion de laquelle nous avons le plaisir d'être réunis, les Italiens nous montrent qu'ils ne veulent pas oublier qu'ils sont les descendants de l'orfèvre Benvenuto Cellini, du faïencier Lucca della Robbia et des décorateurs qui ont pour noms Raphaël et Michel-Ange, et nous avons le très ferme espoir qu'ils seront avec nous pour demander que l'art appliqué bénéficie des lois protectrices qui, presque partout, couvrent d'une façon facile et généreuse les productions de l'art pur.

France. — La France a fait en 1806 un *règlement spécial relatif au dépôt des échantillons de tissus que l'on pouvait plier et mettre sous enveloppe.* Cette réglementation a été depuis étendue, à tort suivant nous, aux dessins appliqués à toutes les industries et plus à tort encore aux modèles.

Par assimilation avec la Propriété industrielle, les formalités afférentes à cette loi de 1806 sont plutôt attributives de propriété et le dépôt, pour être valable, a été exigé avant toute publicité ou mise en vente. Il y a aujourd'hui vingt-quatre pays qui ont suivi le mauvais exemple donné par la France et dont les nationaux sont logés à la même enseigne que les Français, c'est-à-dire sont dans l'impossibilité absolue de satisfaire en temps à ces exigences multiples. Le dépôt au seul pays d'origine est devenu inefficace à cause des relations internationales de plus en plus fréquentes et des fabriques concurrentes de toutes industries qui s'ouvrent de plus en plus nombreuses dans tous les pays, si bien qu'à *Lyon même*, ville pour laquelle le règlement de 1806 avait été fait, nous avons pu constater que de 3.412 dépôts effectués en 1860, ils sont tombés à 1.116 en 1901, alors que les créations ont décuplé, parce que ce dépôt ne couvre le fabricant lyonnais que dans un seul pays, tandis que pour être efficacement protégé dans les dix ou quinze pays qui lui servent de débouché et qui sont maintenant capables de le contrefaire, il lui faut effectuer autant de dépôts avant toute publicité ou mise en vente, ce qui lui est trop difficile et trop coûteux ; il y renonce et très souvent aussi dans le pays d'origine. Dans certaines contrées françaises, le nombre des dépôts a augmenté, mais par les procès suivis nous avons constaté que beaucoup de déposants effectuaient à tort le dépôt d'objets brevetables faute de criterium certain et croyant obtenir une protection suffisante, tout en évitant les frais plus élevés qu'occasionnent les brevets, tandis qu'en réalité le plus souvent ils perdaient ainsi tous leurs droits.

Allemagne. — En Allemagne, on ne s'est pas contenté d'intercaler une loi; on en a intercalé deux et le résultat n'a pas été meilleur. Pas plus de criterium certain pour la loi du 11 janvier 1876 qui cherche à protéger *les combinaisons nouvelles et originales de formes, visant à un effet artistique et destinées à l'ornementation des produits industriels* que pour la loi du 1er juin 1891 qui tend à protéger les « modèles d'usage ou d'utilité » en les définissant : *modèles d'instruments de travail ou d'objets destinés à un usage pratique ou de leurs parties, si, par une nouvelle configuration, une nouvelle disposition ou un nouveau mécanisme, ils doivent servir à un travail ou à un usage pratique* (1).

Il est aussi injuste qu'impossible de vouloir séparer l'art pur de l'art appliqué, et la loi allemande du 11 janvier 1876 est une complication inutile avec la loi sur la propriété artistique. Quant à la loi sur les modèles d'usage, en pratique elle a souvent servi à ceux qui voulaient s'assurer une double protection, parce que les tribunaux allemands ont dû reconnaître que les inventions brevetables et les modèles d'usage ne se distinguaient pas toujours absolument, « un même objet pouvant parfois revendiquer, soit alternativement, soit simultanément, la protection de l'une et l'autre loi » (2).

Espagne. — Nous avons examiné la loi espagnole : c'est la plus récente. Elle soumet les dessins et modèles aux mêmes dispositions que les marques de fabrique.

Cette assimilation complète ne nous semble pas heureuse et nous nous associons volontiers aux critiques formulées par l'organe du Bureau international de Berne. La marque est le plus souvent un signe quelconque du domaine public, qui confère un caractère distinctif aux produits de celui qui l'a adopté ; le dessin ou modèle industriel, au contraire, est une création esthétique qui ne peut être protégée que si elle est nouvelle, ou offre tout au moins un caractère personnel et spécial.

---

(1) *Etude de la législation allemande sur les brevets d'invention*, par J. Bonnet.
(2) *Ibid.*

« L'attribution du droit au premier déposant, qui peut se justifier en
« matière de marques, ne s'explique pas en matière de dessins. Dans ce
« domaine, le droit devrait, semble-t-il, appartenir, quoi qu'il advienne, au
« créateur ou à son ayant cause ; au lieu de cela, la loi espagnole dispose
« que le certificat de propriété de la marque, du dessin ou du modèle ne
« pourra être obtenu que par les fabricants ou artisans et par les commer-
« çants qui en munissent leurs produits. »

On se rend compte aisément de la situation périlleuse où se trouverait le dessinateur ou modeleur pour l'industrie qui aurait à offrir un dessin à divers fabricants, sans pouvoir s'en assurer préalablement la propriété par un dépôt.

D'autre part, la publication des dessins ou modèles protégés n'est pas toujours nécessaire, comme l'est celle des marques. On peut, en effet, choisir accidentellement pour marque un objet connu qu'un tiers a déjà employé dans le même but à votre insu, tandis qu'un dessin ou modèle protégeable sera toujours une création faite d'une manière originale dans le domaine esthétique et, quelque modeste qu'elle soit, ne coïncidera jamais complètement avec la création d'un autre.

Nous pourrions prolonger cet examen des lois qui, dans les différents pays, ont été intercalées entre la loi sur la Propriété littéraire et artistique et la loi sur les Inventions brevetables, montrer des Français dépouillés en Allemagne ou des Allemands dépouillés en France parce que, pour des dessins ou modèles d'art appliqué à l'industrie, à la décoration, etc., ils n'avaient pas rempli en temps des formalités attributives de propriété, alors qu'ils pensaient, comme le veut la raison, être sous le couvert de la loi sur la Propriété artistique.

Nous n'arriverions qu'à regretter, en pratique, que des formalités attributives de propriété aient été prescrites pour ces lois intermédiaires, et à conclure que plus on multiplie les lois sur la propriété intellectuelle, plus on crée de frontières qu'il est impossible de déterminer nettement faute de définitions indiscutables.

III

IL N'Y A PAS PLUSIEURS SORTES D'ART : L'ART EST UN.

D'une façon plus spéciale, pour la question qui nous est posée en ce moment, nous dirons et répéterons sans cesse que l'art est un, que ses applications peuvent être multipliées à l'infini, mais qu'il reste un dans son essence.

Les mots « Arts industriels », « Arts décoratifs » laissent croire à plusieurs sortes d'art ; il est préférable de toujours dire : « Art appliqué à l'industrie, à la décoration, etc. » Ce sont des appellations plus exactes qui nous aident à combattre la fausse théorie de « l'art finit où l'industrie commence » dont les défenseurs ne nous donnent aucun criterium sérieux permettant de séparer l'art pur de l'art appliqué.

La théorie de la destination de l'œuvre est inadmissible. Une œuvre d'art utile ou destinée à une reproduction industrielle peut être plus artistique qu'une autre n'ayant aucune destination industrielle ni aucune utilité..

On a essayé de *laisser les originaux et leurs reproductions par des moyens artistiques sous le couvert d'une loi relative à la propriété artistique*, et de soumettre à l'application d'une loi spéciale, exigeant le dépôt préalable, les œuvres produites dans un but commercial, par des procédés industriels ou appliqués à l'industrie.

On a déplacé la question sans la résoudre, car il est difficile de soumettre à deux lois différentes l'œuvre originale exposée et mise en vente par l'artiste et le droit de reproduction cédé ensuite à un éditeur, lequel est le plus souvent mis dans l'impossibilité absolue d'effectuer un dépôt utile, en vertu des lois spéciales qui exigent que les dépôts soient faits avant toute publicité ou mise en vente ; et il est également impossible de trouver un criterium certain pour séparer les moyens de reproduction dits artistiques de ceux dits commerciaux ou industriels, parce que les mêmes moyens peuvent alternativement être employés par les artistes et les industriels.

On a tenté de faire dire que *les modèles d'art appliqué seraient à protéger s'ils sont signés;* ce criterium n'est pas plus pratique que les précédents. L'œuvre signée par un prétentieux sans talent peut être beaucoup moins artistique qu'une autre non signée, et l'on compromettrait inutilement la propriété des œuvres anonymes et non signées qui existent actuellement en très grand nombre dans les industries qui appliquent l'art.

D'autre part, dès le Congrès de Heidelberg sur la Propriété artistique, nous avons dit : qu'un éditeur honnête devait toujours tenir à mettre en vedette la signature de l'artiste, que tel était même son intérêt bien compris, le public acheteur donnant sa préférence aux objets signés ; mais que cela n'était possible en application que pour la figure ou des ornements qui se tiennent d'une seule pièce.

Dans bien des cas, l'application de l'ornement à l'industrie comporte l'utilisation d'éléments divers provenant souvent de sculpteurs différents et servant à former un tout dont l'auteur est le fabricant : tels sont, par exemple, les feuilles d'acanthe, les rinceaux et les bobèches rentrant dans la composition d'un lustre. Peu d'éditeurs achèteraient de la sculpture d'ornement, s'ils ne pouvaient l'utiliser ainsi. Il est impossible de mettre autant de signatures que d'auteurs différents pour un objet de ce genre et le nom du fabricant seul y figure. Or, ce sont souvent ces productions, suggérées par la pratique ou les réflexions de l'acheteur, qui se vendent le plus en lustrerie et ont le plus souvent à redouter la contrefaçon.

La collaboration du sculpteur et du fabricant devient de plus en plus utile et, dans l'intérêt même de l'art appliqué à l'industrie, il ne faut pas séparer leurs intérêts. Le fabricant stimule le talent de l'artiste en lui révélant les besoins de la clientèle et les ressources d'une matière ou d'un métier que nécessairement celui-ci ne connaît le plus souvent qu'imparfaitement. « Le « fabricant actuel ne songe pas à s'affranchir du concours d'un sculpteur « professionnel, ne fût-ce que pour la réalisation plus prompte de projets « dont, par un crayonnage hâtif, il lui a suffi parfois d'indiquer les lignes « générales ; cela s'explique à une époque où l'acheteur réduit à l'indispen- « sable le délai qu'il accorde pour la satisfaction de ses fantaisies, et où l'im- « prévu et l'exception deviennent pour ainsi dire la règle de tous les jours. « Mais, si l'orfèvre n'est plus généralement lui-même un sculpteur exercé, « est-il téméraire d'ajouter que, par contre, presque jamais le sculpteur n'a « étudié pratiquement la technique du métier d'orfèvre (1) ? » Il travaille le plus souvent à la fois pour le bronze, la céramique, etc. « Peu nombreux « sont ceux qui peuvent aujourd'hui prétendre qu'ils possèdent toutes ces « connaissances et trop souvent aussi nous avons à déplorer qu'on ait pu « exécuter en argent et exposer des œuvres qui ont été plutôt exécutées en « vue de la technique du bronze ou de la céramique. Les maîtres italiens de « la Renaissance, dont l'autorité ne saurait être contestée, et qui pouvaient, « à cette époque (ils en avaient le temps), être tout à la fois architectes, sculp- « teurs, fondeurs, ciseleurs et orfèvres, n'auraient jamais commis de telles « erreurs ; les merveilleux exemples qu'ils nous ont laissés en font foi et dé- « montrent que, dans aucun cas, ils ne perdaient de vue les propriétés, les qua- « lités et aussi les inconvénients du métal, qu'ils savaient dès lors employer « et présenter sous son aspect le plus rationnel, partant le plus « séduisant. »

Ces réflexions sont également vraies dans les autres industries qui appliquent l'art.

---

(1) Nous empruntons ces très sages réflexions à la *Revue de la Bijouterie*, Paris, août 1902.

Tout cela équivaut à dire que l'art du dessinateur ou du sculpteur et l'art du fabricant se complètent et concourent utilement l'un et l'autre au résultat final, à l'œuvre achevée, celle qui marque plus sûrement le progrès en ces sortes d'industries. Pour le côté matériel, pour les intérêts de l'artiste et de l'éditeur, ils sont encore ici intimement liés ; en effet, si les droits cédés peuvent être facilement compromis, la valeur de ces droits sera diminuée au détriment de l'artiste.

Si l'on veut essayer d'établir *la ligne de démarcation à l'aide du plus ou moins de caractère artistique de l'œuvre*, la difficulté est plus grande encore.

Comment admettre qu'une œuvre peut cesser d'être artistique parce qu'elle ne plaît pas à qui la juge ou parce que celui qui l'a produite n'est pas un grand artiste ? Ne pas protéger le débutant par la loi qui protège l'artiste expérimenté, c'est déprécier inutilement le produit de son travail au moment où il en a le plus besoin.

L'œuvre la plus banale en dessin ou modèle de figure ou d'ornement est toujours au moins une œuvre personnelle et spéciale, chaque dessinateur ou modeleur ayant sa façon de dessiner ou modeler comme chacun de nous a sa façon d'écrire. L'auteur même serait obligé de se décalquer ou surmouler pour une reproduction identique. Or, en art appliqué à l'industrie, c'est souvent la réussite dans l'exécution, le coup d'ébauchoir ou de crayon, la façon de faire, qui est convoitée par le contrefacteur incapable.

Ne nous occupant ici que de propriété, ce qui est bon à prendre par le contrefacteur pour en tirer profit est bon à garder par l'auteur, quelque médiocre que cela paraisse, et nous pouvons le protéger sans crainte. Le juge, lorsqu'il aura des doutes sur l'originalité de l'œuvre revendiquée, pourra exiger le décalque, le surmoulage, ou toute autre preuve évidente de contrefaçon avant de l'admettre, tandis qu'il l'admettra malgré des changements faits pour masquer la contrefaçon dans des œuvres plus originales lui laissant toute quiétude.

Donc, à l'encontre de ce qui peut se défendre pour les inventions brevetables, loin de nuire aux progrès des industries qui appliquent l'art, le droit exclusif généreusement accordé par les lois sur la propriété artistique aux auteurs de dessins ou modelages ne limite ni n'entrave le libre essor de la création individuelle; il a pour résultat d'empêcher les imitations serviles, de stimuler des créations nouvelles et de ne gêner que le plagiat tout en enrichissant le domaine public.

IV

LA FORMALITÉ DU DÉPOT PRÉALABLE NE PEUT ÊTRE EXIGÉE DE TOUTES LES INDUSTRIES.

Quoi qu'il en soit, si l'on voulait quand même maintenir obligatoirement la formalité du dépôt préalable pour tous les dessins et modèles, il faudrait admettre qu'elle est difficile à remplir en temps pour beaucoup de dessins appliqués à l'industrie et souvent inefficace pour les modèles.

En effet, pour un objet de ronde bosse, on doit se contenter du dépôt d'une reproduction par le dessin ou la photographie et elle ne peut donner que le premier plan de l'une des faces, elle ne donne pas la hauteur exacte des reliefs; or la contrefaçon s'exerce sur tout ou partie d'un objet, et les renseignements fournis par le dessin ou la photographie sont insuffisants à préciser un surmoulage, cas de contrefaçon le plus fréquent, le plus probant et le plus grave.

Si les déposants doivent marquer les objets déposés, suivant les exigences légales de tous les pays : « Copyright by... 190... » pour les Etats-Unis- « Registered N°.... » et « Made in France » pour l'Angleterre, « Gebrauchs, musterschutz N°.... » pour l'Allemagne, etc., il faut couvrir de lettres ou de chiffres, qui devront rester visibles, tous les objets, papiers peints, tissus et même les bijoux ou autres objets de petite dimension, ce qui les enlaidit et est souvent matériellement impossible.

Si ces marques ne doivent servir qu'à mettre les contrefacteurs en garde et à les avertir qu'il ne faut pas s'approprier les modèles marqués, c'est vraiment trop de prévenances, et nous pensons que les plus simples principes de morale pourraient suffire à résoudre cette difficulté. Celui qui décalque un dessin, surmoule ou copie un modèle, sait bien qu'il ne l'a pas créé. A lui d'endosser la responsabilité de sa décision, lorsqu'il le prétend du domaine public et se l'approprie afin d'en tirer profit.

Enfin, cette formalité attributive de propriété devient le plus souvent inutile et dangereuse par des indiscrétions malhonnêtes commises en cours d'exécution, si elle est remplie trop tard, ou par de trop grandes modifications apportées au dessin déposé, lorsqu'elle est remplie trop tôt.

Les plus saines notions de l'équité et de la justice veulent que ce soit la création qui constitue la propriété, et que le dépôt ou toute autre mesure de police ou d'administration ne puisse, dans aucun cas, aider à dépouiller l'auteur au profit du contrefacteur.

V

RÉSOLUTION DÉJA ADOPTÉE PAR NOTRE ASSOCIATION.

Congrès de Londres 1898, Zurich 1899, Paris 1900. — Ce sont ces mêmes raisons que nous avons déjà données à plusieurs reprises. Dès le « Congrès des Chambres syndicales » tenu à Paris en novembre 1887, dans lequel plus de 250 syndicats étaient représentés, nous avions soumis, et le Congrès avait voté le vœu suivant qui, malgré ses imperfections, n'en exprime pas moins déjà les mêmes idées :

« Que dans les lois futures concernant la propriété industrielle et artis-
« tique, toute création émanant du statuaire, de l'ornemaniste, du dessina-
« teur, de tous arts graphiques et plastiques obtenus par des procédés connus
« ou à créer, soit protégée à l'égal des œuvres protégées par la loi de 1793 et
« par les autres lois relatives à la Propriété artistique. Cette propriété devra
« être accordée à cette création et à ses reproductions, même quand elle sera
« destinée à un usage commun. »

Nous avions renouvelé ce vœu et protesté à nouveau contre la formalité du dépôt préalable appliqué à nos industries aux Congrès internationaux de la Propriété industrielle et de la Propriété artistique tenus à Paris en 1889, au Congrès des Arts décoratifs de Paris en 1894, au Congrès du Commerce et de l'Industrie tenu à Bruxelles en 1897, et enfin dans presque tous les Congrès internationaux qui ont suivi, et ce que nous pouvons retenir, au Congrès de l'Association Littéraire et Artistique Internationale, y compris celui tenu à Turin en septembre 1898, lequel ne faisait que renouveler le vœu émis à Londres en juin de la même année par l'Association Internationale de la Propriété industrielle et qui était ainsi conçu :

« Qu'il soit reconnu, par toutes les législations, que toutes les œuvres des
« arts graphiques et plastiques soient également protégées, quels que soient
« le mérite, l'importance, l'emploi et la destination, même industrielle, de
« l'œuvre et sans que les cessionnaires soient tenus à d'autres formalités
« que celles imposées aux auteurs », vœu renouvelé et adopté lors de notre Congrès international de Zurich en 1899 et aux Congrès internationaux tenus à Paris en 1900.

Assemblée générale de Lyon, 1901. — Lors de notre dernière Assemblée générale tenue à Lyon en 1901, M. Lucien Brun fit des déclarations dans le même sens au nom de la Chambre de Commerce de cette ville, et, en même temps qu'il faisait des vœux pour que ces principes fussent consacrés par la loi française, il demandait quelques améliorations sur lesquelles une entente internationale lui paraissait possible à obtenir, telles que la non-obligation du dépôt des œuvres à protéger et le dépôt secret.

M. Frey-Godet, à ce même Congrès de Lyon, souhaitait aussi de voir se réaliser à bref délai l'assimilation du dessin ou modèle de fabrique à l'œuvre d'art, mais ceci n'étant encore réalisé d'une façon satisfaisante par la législation intérieure d'aucun pays, il visait de son côté à la conclusion d'une entente immédiate, et pour cela laissait subsister les divergences existant entre les législations nationales sur tous les points où l'unification n'était pas absolument indispensable pour un arrangement susceptible de résultats pratiques.

M. Osterrieth déclara s'associer aux opinions précédentes, mais il proposa de répéter le vœu que nous avions émis à Vienne en 1897 et il demandait, pour que les dessins et modèles soient admis au bénéfice de la Convention sans autres formalités que celles prévues et accomplies au pays d'origine, le Bureau de Berne étant mis à même de procurer, en cas de besoin, la justification de l'accomplissement de ces formalités au pays d'origine, de confirmer sans discussion par un vœu les résolutions adoptées au Congrès de Paris 1900. Cette proposition acceptée et après discussion des rapports présentés, voici l'article premier de la Résolution qui fut adoptée par la Commission de Lyon sur l'amélioration des rapports internationaux en matière de dessins ou modèles :

« Il serait préférable qu'il n'y eût pas de législation spéciale sur les
« dessins et modèles de fabrique, la loi sur les brevets d'invention devant
« s'appliquer à toute invention ou découverte, et la loi sur la propriété artis-
« tique protéger toutes les œuvres des arts graphiques et plastiques, par con-
« séquent toutes les œuvres du dessin et de la sculpture. Il serait à souhaiter
« seulement que toutes les œuvres soumises à la loi sur la propriété artis-
« tique pussent faire l'objet d'un dépôt, afin que les intéressés eussent la
« faculté de s'assurer une preuve de priorité. »

Les autres articles votés à Lyon furent inspirés par les travaux de M. Frey-Godet et par les résolutions votées en 1900 au rapport de M. Georges Maillard (1).

---

(1) Ce rapport, présenté au Congrès de la Propriété industrielle de Paris 1900, avait été rédigé et défendu par M. G. Maillard au nom d'une sous-commission composée de MM. Josse, Maillard, Soleau et Taillefert, rapporteurs.

VI

LA LOI FRANÇAISE DU 11 MARS 1902.

Depuis, le Gouvernement français, tenant compte des vœux émis par nos Congrès, a fait voter par les Chambres et promulguer une loi qui est ainsi conçue :

Art. 1er. — Il est ajouté à l'article premier de la loi des 19-24 juillet 1793 (1), après les mots : « Les auteurs d'écrits en tous genres, les compositeurs de musique... » les mots : « les architectes, les statuaires... »

Art. 2. — Il est ajouté à l'article premier de la loi des 19-24 juillet 1793 un paragraphe ainsi conçu : « Le même droit appartiendra aux sculpteurs et dessinateurs d'ornement, quels que soient le mérite et la destination de l'œuvre. »

La présente loi, délibérée et adoptée par le Sénat et par la Chambre des députés, sera exécutée comme loi de l'Etat.

Fait à Paris, le 11 mars 1902.

Le Président de la République,
Emile Loubet.

L'extension qui vient d'être donnée à la loi française des 19-24 juillet 1793 sur la Propriété littéraire et artistique, réalise enfin l'assimilation souhaitée depuis plus de quinze ans dans tous les Congrès qui se sont occupés de ces questions et plus spécialement dans ceux organisés par l'Association Internationale de la Propriété industrielle et par l'Association Littéraire et Artistique Internationale.

Je suis en mesure d'affirmer que les travaux de ces Congrès ont puissamment aidé à obtenir en France l'initiative et l'appui du Gouvernement en faveur de cette loi du 11 mars 1902. C'est là une nouvelle preuve de l'efficacité de vos vœux lorsqu'ils sont émis avec ténacité et esprit de suite.

Nous n'avons réussi chez nous qu'à la condition de ne pas trop demander à la fois. Nous avons dû nous contenter d'un simple paragraphe ajouté à une

---

(1) Loi française sur la Propriété littéraire et artistique dont l'article premier devient ce qui suit :

1° Les auteurs d'écrits en tous genres, les compositeurs de musique, les architectes, les statuaires, les peintres et dessinateurs qui feront graver des tableaux ou dessins, jouiront durant leur vie entière, du droit exclusif de vendre, faire vendre, distribuer leurs ouvrages dans le territoire de la République et d'en céder la propriété en tout ou en partie.

Le même droit appartiendra aux sculpteurs et dessinateurs d'ornement, quels que soient le mérite et la destination de l'œuvre.

La durée des droits accordés par les lois antérieures aux héritiers, ou cessionnaire, réguliers, est de cinquante ans à partir du décès de l'auteur.

loi existante et du remplacement de la désignation très générale « Arts graphiques et plastiques » par les mots « Dessin ou sculpture de figure ou d'ornement » qui, venant à la suite de l'article premier de la loi de 1793 et de l'énumération qu'il contient, nous accordent toutefois satisfaction.

Nous pensons que le mieux est de continuer à suivre cette tactique qui nous a réussi.

Nous ne demanderons l'abrogation d'aucune loi ni réglementation en usage, nous les laisserons s'user d'elles-mêmes et par la concurrence que leur fera notre loi de 1793 ainsi modifiée. Nous irons jusqu'à soutenir les industriels qui pouvaient s'accommoder chez nous des lois existantes et avaient pris l'habitude de déposer leurs modèles.

La loi du 11 mars 1902 n'a pas abrogé la loi de 1806, et en attendant que cette dernière loi soit remplacée par une réglementation plus conforme à nos intérêts, nous demanderons à nos tribunaux de continuer à accepter la coexistence des deux lois pour tout objet d'art appliqué ayant pu être déposé en temps conformément à notre loi de 1806 (1).

Nous reconnaissons aussi que certains dessins ou modèles très simples appliqués aux tissus, à la dentelle, à l'éclairage, etc., ne valent et n'excitent le goût qu'à l'application et qu'un échantillon plié ou déposé en nature peut contribuer à en faire ressortir l'originalité ; et enfin, qu'une formalité de dépôt effectuée aussitôt que possible à l'aide d'un dessin ou d'une photographie, constitue, malgré son imperfection relative, un extrait de naissance plus facile à transporter et à produire en justice que les preuves tirées du droit commun. Nous préférons nous en passer plutôt que d'être trop souvent dépouillés faute d'avoir pu remplir en temps la formalité prescrite ; mais à titre transitoire nous étudierons volontiers un dépôt facultatif avec formalités simplement déclaratives, semblables à celles qui sont prescrites dans la plupart des lois sur la propriété littéraire et artistique et qui peuvent au pis aller n'être exigées qu'au moment de revendiquer un droit.

Les dépôts déclaratifs ont été plutôt organisés jusqu'à présent en vue de préoccupations de sûreté générale ou pour enrichir des collections que pour faciliter des preuves de propriété aux déposants, mais il nous semble possible de modifier ces réglementations de façon qu'elles remplissent un double but.

Pour changer le moins possible ce qui existe, le dépôt continuerait par exemple chez nous à s'effectuer au Ministère de l'Intérieur pour la propriété

---

(1) Nos tribunaux ont déjà accepté cette façon de voir : Cour de Paris, 9ᵉ chambre, 30 janvier 1902 : Philippe c. Foyer.

littéraire, les estampes, la musique et tout ce qui s'y dépose actuellement d'une façon gratuite en vertu de la loi de 1793 : tandis que le dépôt d'un dessin ou d'un modèle d'art appliqué irait soit au greffe des Prud'hommes, soit à la préfecture du pays d'origine (exemplaire en nature, photographie ou dessin, au choix du déposant, en une boîte cachetée d'un poids et d'un volume déterminés). Le déposant, en effectuant son dépôt, aurait à déclarer s'il est l'auteur ou le cessionnaire de l'auteur, et, dans ce dernier cas, à donner les noms et prénoms du ou des auteurs en même temps que les siens. Ces déclarations seraient transcrites sur un registre à son numéro d'ordre et à sa date. Ce même numéro serait porté sur la boîte pour le classement, et sur la copie de déclaration qui serait délivrée au déposant moyennant une somme très minime par dessin ou modèle déposé.

En cas de contestation ou de revendication du droit de marquer les reproductions de la mention « Déposé », la boîte et la copie du registre seraient, à la demande du déposant, transmis par l'administration locale à l'Office National de la Propriété industrielle. A ce moment, le dépôt cesserait d'être secret et la boîte serait ouverte ; l'Office délivrerait, toujours aux frais du déposant, une deuxième copie du registre du dépôt local accompagnée d'une photographie à format déterminé de l'objet déposé ou de sa reproduction, tel que cela a été trouvé dans la boîte, et enfin l'autorisation de marquer : Déposé N. (national) N°..... les reproductions du dessin ou modèle déposé.

L'Office, en cas de besoin, ferait parvenir au greffe du tribunal saisi la boîte contenant le dépôt en nature. Après arrêt rendu, ce dépôt reviendrait à l'Office où il pourrait, sur demande préalable, être communiqué à tout intéressé. Les communications publiques courantes se feraient à l'aide des épreuves photographiques (à format déterminé) faites par l'Office.

Si l'on obtenait que le Bureau international de Berne soit mis à même de procurer la justification des formalités remplies au pays d'origine et de fournir l'autorisation de marquer les pièces « Déposé I (international) N°..., l'Office National enverrait, toujours à la demande et aux frais du déposant, les épreuves photographiques et les pièces justificatives nécessaires au Bureau de Berne, pour qu'il puisse établir et délivrer le certificat international.

Les dépôts effectués au Ministère de l'Intérieur pourraient bénéficier des mêmes avantages nationaux et internationaux en passant par l'Office National et en se conformant aux règles et aux frais afférents à ces formalités.

Ces frais seraient aussi peu élevés que possible et devraient ne servir qu'à compenser ceux occasionnés. Ils seraient perçus à l'aide de taxes uniques pour une durée totale correspondante à celle de la propriété artistisque. De la sorte nous aurions une première période de dépôt secret prolongeable au gré du déposant : une sélection se ferait tout naturellement pour constituer les dépôts nationaux ou internationaux, auxquels seraient dès lors attachés des avantages qui compenseraient certaines obligations qu'il nous semble impossible d'éviter.

Pour tous les autres détails, nous nous efforcerons de tenir compte de vos discussions et des résolutions votées par vos Congrès.

Nous n'avons certes pas la prétention d'avoir tout solutionné ni d'avoir tout bien solutionné; nous n'avons esquissé un exemple complet que pour montrer que les vœux que nous allons vous soumettre ont déjà reçu un commencement d'exécution et peuvent être mis en pratique si, comme le proposait en 1900 M. G. Maillard (rapporteur général du projet de loi-type en vue de l'unification des législations sur la Propriété littéraire et artistique), dans chaque pays les groupes nationaux veulent bien organiser la propagande en faveur du droit de l'auteur sur son œuvre, aviser aux moyens de combattre, suivant les circonstances locales, les préjugés qui l'entravent, agir auprès du Gouvernement et du Parlement pour obtenir, quand l'occasion est favorable, les réformes désirées et pour donner aux représentants officiels dans les conférences internationales le droit de faire changer quelques mots pour réformer dans le sens de nos vœux les conventions actuelles.

VII

SOLUTIONS PROPOSÉES

En conséquence, nous demandons au Congrès réuni en ce moment à Turin, de vouloir bien engager les autres nations à suivre l'exemple donné par la France et de confirmer le vœu déjà émis par les précédents Congrès organisés par l'Association Internationale de la Propriété industrielle et aussi par les Congrès de l'Association Littéraire et Artistique Internationale, lequel est ainsi conçu :

« Qu'il soit reconnu par toutes les législations que toutes les œuvres des
« arts graphiques et plastiques seront également protégées, quels que soient
« le mérite et la destination même industrielle de l'œuvre, et sans que les
« cessionnaires soient tenus à d'autres formalités que celles imposées aux
« auteurs. »

Et d'ajouter les vœux suivants :

Que si une réglementation du dépôt facultatif est reconnue utile, pour faciliter, dans un avenir plus rapproché, la protection internationale des dessins et modèles d'art appliqué à l'industrie et pour établir des extraits de naissance avec dates certaines faciles à produire en justice, elle soit déclarative et non attributive de propriété; qu'elle soit faite de façon à être mise à la disposition de l'art pur commercialisé comme de l'art appliqué à l'industrie, lesquels ne sauraient être séparés.

Le non-accomplissement des formalités qui résulteront de cette réglementation n'entraînera ni déchéance du droit d'auteur ni déchéance du droit d'agir en cas d'atteintes portées à ces droits.

Les exemptions de formalités reconnues à l'auteur ou ses ayants droit dans le pays d'origine doivent être respectées dans les autres pays.

L'accomplissement des formalités au pays d'origine sera reconnu dans tous les pays de l'Union sans nécessiter d'autre enregistrement que celui à faire au Bureau international de Berne, lequel sera mis à même de procurer, en cas de besoin, sur la demande et aux frais du demandeur, les certificats nécessaires. Pour les pays où la législation ne fait pas dépendre de conditions ou de formalités spéciales la jouissance des droits d'auteur sur toutes les œuvres ou certaines catégories d'œuvres intellectuelles, le Bureau international obtiendra des déclarations officielles en ce sens pour les transmettre à qui de droit (1).

---

(1) Cette dernière partie de notre travail a été inspirée par les résolutions votées à la suite du très remarquable rapport de M. Roethlisberger au Congrès international de la Propriété artistique tenu à Berne, en 1896.

Paris. — Imprimerie Ch. Blot, rue Bleue, 7.

www.ingramcontent.com/pod-product-compliance
Lightning Source LLC
Chambersburg PA
CBHW030112230526
45471CB00003B/1375